만화로 읽는 하룻밤 논어 1

만화로 읽는
하룻밤 논어

양병무 원작 • 최금락 글 • 최신오 그림

21세기북스

| 원작자의 말 |

동양의 고전 『논어』를 하룻밤에 읽어보자

"논어가 이렇게 재미있는 줄 몰랐어요."
"논어를 더 깊이 공부하고 싶네요."
"2,500년 전의 내용이 오늘날에도 감동으로 다가오네요."

『행복한 논어 읽기』 책을 내고 나서 많은 사람들로부터 책에 대한 고마운 마음을 전해 들었다. 논어를 고리타분한 책으로만 생각했는데 알고 보니 그렇지 않다는 반응이다. 어떤 CEO는 직원들에게 책을 선물하면서 "고객을 만날 때 논어 한마디만 언급해도 사람의 품격이 달라진다"며 책 읽기를 강력하게 추천했다. 또 어떤 부모는 대학생 자녀에게 책을 선물했더니 "정말 재미있어요"라는 반응을 듣고 놀랐다고 한다. 많은 사람들이 논어가 더 많이 읽히면 좋겠다는 염원을 얘기했다. 어린이들도 읽을 수 있도록 '어린이용 논어이야기'를 출판하자는 제안도 많았다.

그러던 중 최금락 작가에게 만화로 만들면 정말 반응이 좋을 것 같다는 이야기를 들었다. 참 신선한 제안이었다. 하지만 만화로 만드는 게 어디 쉬운 일인가. 최금락 작가가 각색을 하고 최신오 화가가 그림을 그리면서 책을 만들어 갔다. 두 분이 심혈을 기울여 만든 원고를 읽고 깜짝 놀랐다. 무척 재미가 있어서 단숨에 읽어내려 갔다. 말 그대로 하룻밤에 다 읽을 수 있었다. 책의 내용 중 핵심사항을 어떻게 이렇게 잘 골라냈는지 그저 감탄할 따름이다. 만화로 보니 더

욱 재미있고 이해도 빨랐다. 집중해서 읽을 수 있어서 좋았다. 이렇게 해서 『만화로 읽는 하룻밤 논어』 책이 탄생했다.

현대인들은 바쁘게 살아간다. 모든 게 속도 경쟁이다. 그러다 보니 책 한 권 읽는 게 쉬운 일이 아니다. 최근 인문학의 중요성이 강조되면서 논어에 대한 관심이 높아진 것은 참으로 다행이다. 유럽과 미국에서도 논어에 대한 관심이 높다고 한다. 이제 중국은 미국과 함께 세계 양대 경제대국이 되었다. 얼마 지나지 않으면 세계 제일의 경제대국이 되지 않을까? 논어를 공부하면 중국 사람을 만나도 겁날 게 없다. 논어가 다양한 화제를 제공하기 때문이다.

논어에는 자기계발의 모든 원칙이 녹아 있다. 논어를 통해 나를 다스리는 기술, 인간관계의 지혜를 배울 수 있다. 정치인에게는 정치 리더십을 가르쳐주고, 경영자에게는 경영철학과 기법을 제시하고, 직장인들에게는 성공적인 직장생활과 자기계발을 위한 지침을 제공한다. 인생이 난관에 부딪칠 때 필요한 삶의 지혜를 명쾌하면서 깊은 진리가 담긴 논어 52수에서 찾아보자. 일단 논어에 나오는 내용 중 이 책에서 소개하는 52수만 배우겠다는 소박한 마음으로 논어를 가까이 해보자.

『행복한 논어 읽기』를 가지고 만화로 엮는 각색을 한 최금락 작가님과 그림을 그려준 최신오 화가님께 깊은 감사를 드린다. 또 흔쾌히 책을 출판해 준 21세기북스 출판사에도 깊은 감사를 드린다. 이 책이 자기계발과 리더십에 관심이 있는 사람들에게 도우미 역할을 할 수 있다면 그보다 더 큰 기쁨과 영광이 없겠다. 나아가 바쁜 현대인들에게 잠깐 쉬어가는 지식의 안식처가 되기를 바란다.

2013년 2월, 『행복한 논어 읽기』 저자 양병무

| 차례 |

원작자의 말 4
들어가는 글 10

1장 배움, 죽을 때까지 손에서 책을 놓지 마라

배우고 익히는 학습의 기쁨 學而時習之 不亦說乎 26
다양한 친구관계의 중요성 有朋自遠方來 不亦樂乎 28
자기관리와 자기수양 人不知而不慍 不亦君子乎 31
앎과 모름을 분명히 하라 知之爲知之 不知爲不知 是知也 33
질문의 힘 敏而好學 不恥下問 42
모든 답은 책에 있다 不如丘之好學 47
배움을 좋아하는 사람, 일을 즐기는 사람 好之者 不如樂之者 51
몰입의 즐거움 發憤忘食 樂而忘憂 55
넓고 깊게 공부하라 學而不思則罔 思而不學則殆 60
스승을 잘 만나는 법 三人行 必有我師 64
옛 것 속에 새 것 있다 溫故而知新 70
배움에는 귀천이 없다 有敎無類 74
공자의 인생역정 80

2장 성공, 최고가 되려는 마음 없이는 최선을 다할 수 없다

자신을 이기는 습관 克己復禮爲仁 86

몰입의 즐거움 君子務本 本立而道生 91

하나를 제대로 알면 열을 알 수 있다 一以貫之 95

진퇴를 분명히 하라 用之則行 舍之則藏 102

상사는 상사답게, 부하는 부하답게 君君臣臣 父父子子 107

한 우물을 파라 吾斯之未能信 114

꿈은 이루어진다 我待賈者也 123

전문성에 통찰력을 갖춘 T자형 인재 君子不器 133

세상에 공짜는 없다 見利思義 140

수양을 위해 공부하라 爲己之學 爲人之學 149

고난을 기회로 활용하라 困而學之者 困而不學者 159

배우고 일하는 태도 文行忠信 167

3장 삶의 자세, 꿈은 높게 시선은 아래로

먼저 실천한 후에 말하라 先行其言 而後從之 176

포용심을 발휘하라 爲政以德 188

가까운 사람을 잃지 말라 不失其親 202

원칙을 정하고 솔선수범하라 其身正 不令而行 217

| 2권 차례 |

4장 • 리더십
섬김을 받으려는 마음을 버려라

인사의 기본은 확고한 기준
사람을 얻는 기술, 섬김 리더십
빠를수록 좋은 후계자 양성
믿음이 없는 조직은 모래성
인재는 능력에 맞게 배치하라
직언을 꺼리지 않는 리더
리더의 다섯 가지 덕목
어진 사람의 다섯 가지 덕목

5장 • 관계
받고자 하면 먼저 내 것을 내주어라

세상에는 어진 사람이 많다
단점만 보지 말고 장점을 살펴라
남에게 강요하지 말라
사귀면 사귈수록 멋진 사람
생각에 사악함이 없어야
좋은 사람 콤플렉스
도움이 되는 친구, 해가 되는 친구
진심으로 대하라
넓게 사귀되 패거리 짓지 말라
남의 입장에서 생각해보라
박사 100명을 배출한 마을의 비밀
한 줄로 읽는 사서삼경

6장 • 원칙
평생 안고 갈 기준을 만들어라

젊어 고생은 사서한다
성공한 사람이 갖춘 4가지 성품
하늘을 우러러 한 점 부끄럼이 없기를
마음을 얻는 데서 시작하라
인생 발전 6단계
내 탓이오, 내 탓이오
스스로는 70%밖에 채우지 못한다
낙관은 힘이 세다
잘못을 고치는 것을 망설이지 말라
어려울 때 찾아오는 사람이 진짜다

들어가는 글

논어, 왜 읽어야 할까?

셋째, 공자는 대인관계의 달인이었습니다.

공자의 언행은 산전수전 다 겪은 인생체험을 통해 나오는 생생한 것인데

스승님, 노인과 장년과 청년의 관계는 어떠해야 합니까?

공자는 인간관계를 단 세 마디로 압축했습니다.

老者安之
노 자 안 지

朋友信之
붕 우 신 지

少者懷之
소 자 회 지

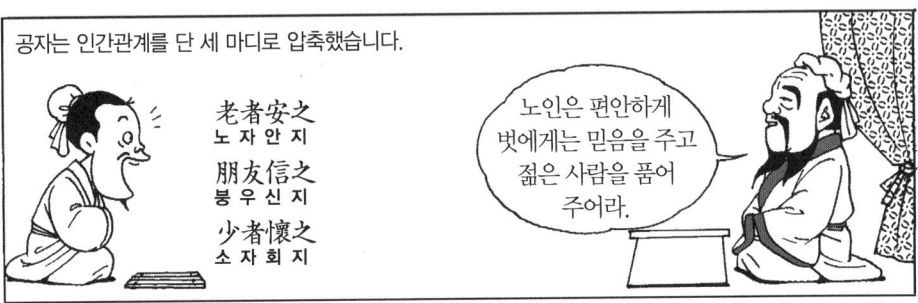

노인은 편안하게 벗에게는 믿음을 주고 젊은 사람을 품어 주어라.

모든 문제는 남에게 있는 것이 아니라 자기 자신에게 있느니라.

더 나아가 나를 위한 삶이 아니라 남을 위한 삶을 살도록 하여라.

네!

어느 날 제자 자로가 조상의 영혼과 귀신을 섬기는 법을 물었습니다.

아직 사람도 능히 섬기지 못하는데 어찌 귀신을 섬기겠느냐?

스승님, 죽음에 대해서 알고 싶습니다.

1장

배움
죽을 때까지 손에서 책을 놓지 마라

배우고 익히는 학습의 기쁨

學而時習之 不亦說乎
학 이 시 습 지   불 역 열 호

논어의 첫 구절은 우리가 너무나 잘 아는 내용이지요.

필자의 스승인 하병국 선생님은 이렇게 말씀하셨습니다.

논어는 공부하는 게 기쁨인 사람들을 위한 책입니다.

학습의 기쁨을 설파한 논어야말로 공자가 얼마나 위대한지 입증해 주는 책입니다.

필자는 평소에 '공자' 하면 장유유서,

어험!

형식주의, 권위주의 등을 떠올리며 고리타분하게 생각했는데

선생님은 논어가 능력주의를 바탕으로 하고 있다고 강조하셨습니다.

能 力

그런데 공부하는 게 정말 기쁜 일일까요?

공부하는 것은 재미없으니, 학생들이 공부하기를 싫어하는 것이지요.

인터넷 강의로 유명한 메가스터디 손주은 사장의 말입니다.

공부는 정말 재미없다.

손주은 사장이야말로 '학이시습지 불역열호(學而時習之 不亦說乎)'를 교육현장에 실천한 사례입니다.

다양한 친구관계의 중요성

有朋自遠方來 不亦樂乎
유붕자원방래 불역낙호

자기관리와 자기수양

人不知而不溫 不亦君子乎
인부지이불온 불역군자호

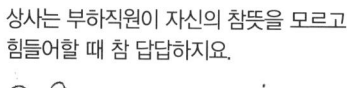

상사는 부하직원이 자신의 참뜻을 모르고 힘들어할 때 참 답답하지요.

사실 자신을 알아주고 아니고는 남에게 달려 있는 일입니다.
"도대체 왜 날 몰라주는 거야?"

자기수양을 통해 스스로 강해져야 하며,

곤경을 자신의 실력을 기르는 계기로 삼는 지혜가 필요합니다.

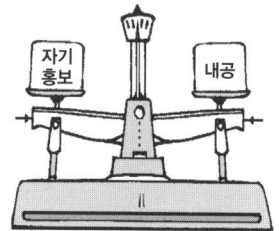
현대는 자기 PR시대이지만 내공을 다지는 노력 또한 중요합니다.

논어는 학습과

대인관계와

자기수양에 관한 지혜와 리더십을 가르쳐 줍니다.

學而時習之 不亦說乎
학 이 시 습 지　불 역 열 호

有朋自遠方來 不亦樂乎
유 붕 자 원 방 래　불 역 낙 호

人不知而不慍 不亦君子乎
인 부 지 이 불 온　불 역 군 자 호

여기 세 구절이 군자의 3대 조건이라고 할 수 있습니다.

앎과 모름을 분명히 하라

知之爲知之 不知爲不知 是知也
지 지 위 지 지 부 지 위 부 지 시 지 야

공자의 제자인 자로는 우직하고 저돌적이며 용기가 있었습니다.

자로는 공자보다 아홉 살 아래로, 제자들 중에서 가장 나이가 많았습니다.

원래 건달이었던 자로는

공자를 만나, 공부하는 사람으로 인생이 달라졌지요.

자로는 과격하고 고집스러웠으며,

잘난 체하는 성격이었습니다.

상위 외국계 기업이나 삼성, LG 같은 대기업에서 활동하던 간부들이 그렇습니다.

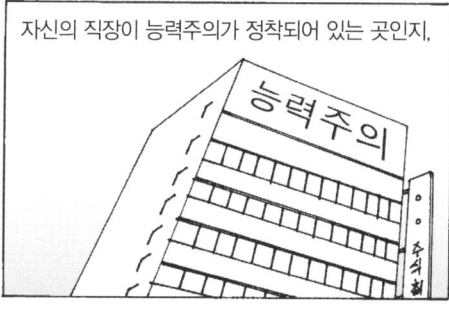

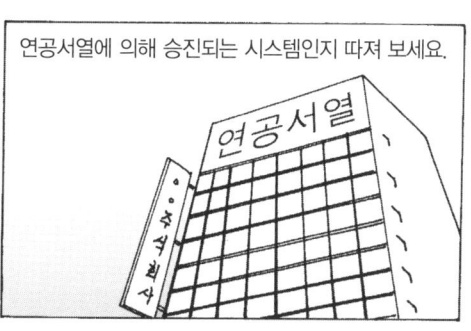

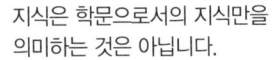

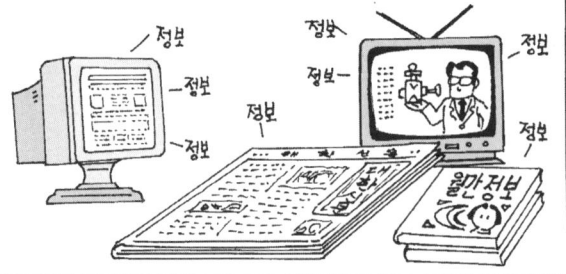

질문의 힘

敏而好學 不恥下問
민 이 호 학 불 치 하 문

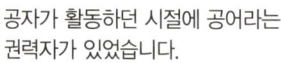
공자가 활동하던 시절에 공어라는 권력자가 있었습니다.

그는 죽은 후에 문(文)이라는 시호를 받아 공문자(孔文子)로 불렸습니다.

시호에 '글월 문(文)'자가 들어가면 상당히 훌륭한 사람을 뜻합니다.

문어(文魚)가 귀한 대접을 받는 이유도 문(文)자가 들어갔기 때문이랍니다.

힘! 나는 귀족이야!

스승님, 공문자는 행실에 문제가 있는데 왜 시호를 문(文)이라고 했는지요?

그는 배우기를 좋아하고 아랫사람에게 묻는 것을 부끄러워하지 않았다.

모를 때는 가만히 있으면 중간이라도 가는 법이지요.

침묵은 금!

아랫사람에게 묻는 것은 대단한 용기가 필요합니다.

농경사회는 경험과 연공서열이 중시되던 시절이라 '불치하문(不恥下問)' 하지 않아도 큰 문제가 없었습니다.

모든 답은 책에 있다

不如丘之好學
불 여 구 지 호 학

공자를 따르던 제자는 대략 3,000명 정도였는데 진짜 제자라고 할 수 있는 사람은 72~77명이었다고 합니다.

정식으로 공자님께 배우고 지도를 받아야 진짜 제자지.

제자라고 다 같은 제자가 아니죠.

논어는 제자들이 주로 공자의 언행을 기록한 책으로 총 20편으로 구성되어 있습니다.

각 편의 이름은 본문이 시작되는 첫 글자를 따서 붙여졌지요.

〈전반부 열 편〉

학이, 위정, 팔일, 이인, 공야장,
옹야, 술이, 태백, 자한, 향당

〈후반부 열 편〉

선진, 안연, 자로, 헌문, 위령공,
계씨, 양화, 미자, 자장, 요왈

논어의 다섯 번째 편인 공야장 편은 제자들에 대한 인물평이 진솔하게 그려져 있습니다.

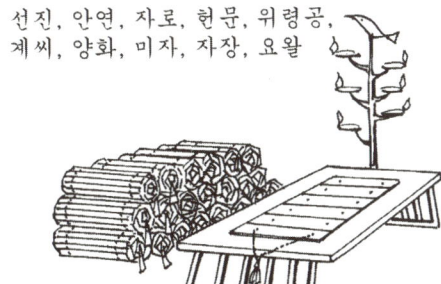

1장 • 배움, 죽을 때까지 손에서 책을 놓지 마라 47

공자는 안희, 자공, 자로를 비롯한 10여 명의 제자들을 냉철하게 평가한 후
자신에 대해서 마지막으로 한마디를 합니다.

十室之邑 必有忠信 如丘者焉 不如丘之好學也
십실지읍 필유충신 여구자언 불여구지호학야

열 가구 정도의 작은 마을에도 반드시 나처럼 충직하고 신의를 중시하는 사람이 있을 것이다. 그러나 나만큼 배우기를 좋아하는 사람은 없을 것이다.

공자는 자신이 중요하게 생각하는 것이 충직과 신의임을 먼저 내비칩니다.

공자에게 호학은 취미였고 기쁨이었지요.

공부에 대한 열정과 자신감, 당당함이 넘쳐납니다.

나는 공부하는 게 제일 좋아.

불여구지호학야(不如丘之好學也). 여기에 나오는 '구(丘)'는 공자의 이름입니다.

호학의 자세는 지식사회에서 더욱 강하게 요구되는 덕목입니다.

호학은 대학교수를 비롯해 가르치는 사람들의 기본 덕목입니다.

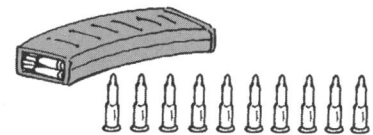

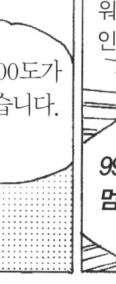

그는 한 달에 한 번씩 직원들에게 책을 추천하고 선물하면서 반드시 독후감을 쓰고 토론하도록 합니다.

배움을 좋아하는 사람, 일을 즐기는 사람

有朋自遠方來 不亦樂乎
유붕자원방래 불역낙호

산업사회는 소품종 대량생산 체제로 공급자 중심의 사회였지만,

지식사회는 고객이 왕인 시대입니다.

물건을 많이 만드는 것보다

팔릴 수 있는 물건을 만들어야 하는 수요자 중심의 시대이지요.

창의성이 경쟁력인 시대가 된 것이지요.

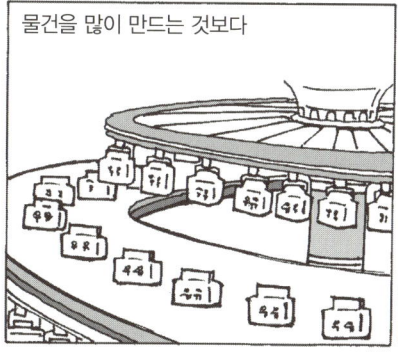

자연스럽게 일의 성격도, 자신을 표현하는 수단으로 바뀌어야 합니다.

'자신을 좋아하는 일을 하는' 사람과 '억지로 하는' 사람은 경쟁력에서 차이가 날 수밖에 없습니다.

매슬로 욕구단계설의 마지막 단계인 자아실현의 욕구를 충족시켜 주는 것이 리더십의 핵심과제입니다.

자아 실현 욕구

知之者不如好之者
지지자불여호지자

好之者不如樂之者
호지자불여낙지자

공자는 아는 것에 대한 깨달음의 과정을 3단계로 구분했습니다.

知之者
好之者
樂之者

1단계 지지자(知之者)는 어떤 일을 아는 초보적인 단계이고

그는 경영학에 인생을 접목해 강의의 격을 높였습니다.

봄에는 싱싱한 황금빛으로 빛나며
여름에는 무성하지만
가을이 오면 더욱더 많은 황금빛이 되고
마침내 나뭇잎 모두 떨어지면
보라, 줄기와 가지로 나목되어 선
벌거벗은 저 '힘'을

-앨프레드 테니슨의 시-

저는 '벌거벗은 힘'이란 단어의 의미를 이해하는 데 참으로 오랜 세월이 걸렸습니다.

낙지자가 바로 그 벌거벗은 힘입니다.

인기나 여론에 흔들리지 않고

자신의 길을 묵묵히 가면서 다른 사람들에게 영향을 주는 삶이 바로 낙지자의 단계입니다.

벌거벗은 힘은 현직을 벗어났을 때 평가받는 법이지요.

교수는 정년퇴직을 하고 나면 어떤 인생을 살았는지 평가받게 됩니다.

몰입의 즐거움

發憤忘食 樂而忘憂
발분망식 낙이망우

1장 • 배움, 죽을 때까지 손에서 책을 놓지 마라

發憤忘食 樂而忘憂 不知老之將至爾
발 분 망 식   낙 이 망 우   부 지 노 지 장   지 운 이

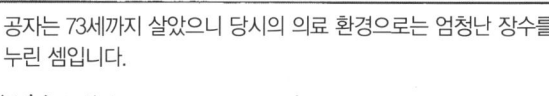

첼로의 성자로 불리는 파블로 카잘스는 96세로 죽는 날까지 평생 매일같이 첼로를 연습했습니다.

1장 • 배움, 죽을 때까지 손에서 책을 놓지 마라

1회, 2회, 새벽을 깨우며 공부하다 보니 어느덧 1,500회가 넘었습니다. 	매주 목요일에는 어김없이 조찬 세미나를 해야 하기 때문에 아플 시간이 없었고, 	학습하는 기쁨으로 근심을 이겨낼 수 있었지요. 

고희를 넘긴 그는 아직도 인간학습, 개발학습 모델을 기업인뿐 아니라 공무원, 주민, 군인에게 전파하기 위해 1분, 1초를 아끼며 노력한답니다.

"좋은 사람이 좋은 세상을 만든다는 것이 나의 신념입니다."

숨 가쁘게 변화하는 지식사회의 험한 파도를 뛰어넘는 수단으로 발분망식과 낙이망우를 제시하고 싶습니다. 	이 경지에 이르면 한 여름의 폭염도 가벼이 여기겠지요. 

또 엄동설한을 정복하는 비결도 발분망식과 낙이망우에서 찾을 수 있습니다.

"발분망식 낙이망우, 현실을 이기고 미래를 여는 키워드입니다."

넓고 깊게 공부하라

學而不思則罔 思而不學則殆
학 이 불 사 즉 망   사 이 불 학 즉 태

'배울 학(學)'이란 새로운 것을 알아가는 것을 의미합니다.

지적 호기심은 미지의 세계로 나아가는 창문이기에 배움의 원천이지요.

그러나 배우기만 하고 그것에 대한 깊은 생각이 따르지 않으면

단순한 지식의 유입에 그쳐 남는 것이 없게 됩니다.

'생각할 사(思)'의 의미에 주목할 필요가 있습니다.

생각은 머릿속에 머무는 기간에 따라 일시적인 생각과 지속적인 생각이 있습니다.

히틀러의 잘못된 민족주의가 독일민족에게 준 부정적 영향이 대표적인 사례지요.

생각이 진화하기 위해서는 새로운 생각이 들어와야 하는데 그것이 바로 배움입니다.

학(學)과 사(思)는 균형을 이루며 치우치지 않는 중용의 정신이 있어야 하네.

홈플러스 그룹의 이승한 회장은 유통업계의 혁신가로,

유통의 새 역사를 쓰고 있다는 평가를 받습니다.

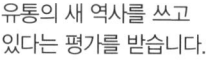

그는 기존 업계에서 상상도 할 수 없는 아이디어와

추진력으로 신선한 충격을 주며 업계를 선도하고 있습니다.

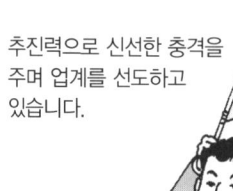

홈플러스는 녹색성장을 중요시하며 창조경영, 감성경영으로 창업 9년 만에 업계의 선두그룹으로 올라섰습니다.

스승을 잘 만나는 법
三人行 必有我師
삼 인 행 필 유 아 사

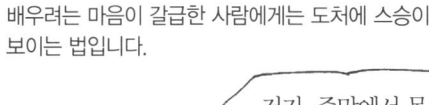

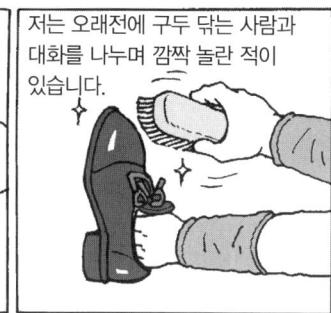

그야말로 전문가란 지극히 작은 부분을 깊이 아는 사람일 뿐,

세상에는 도처에 스승이 널려 있음을 인식하게 된 것이지요.

그 후 저는 항상 배우겠다는 마음을 갖고 질문하는 것을 몸에 익혔습니다.

누구를 만나든 즐겁고, 대화를 통해 한 사람의 삶을 살펴보며

지혜를 얻을 수 있는 좋은 기회가 되었습니다.

인간은 누구나 무한한 가능성을 가진 존재입니다.

다만 그 가능성이 발현되지 못한 사람들이 있을 뿐입니다.

배우겠다는 기본자세가 있으면 어린아이와 대화하면서도 많은 것을 찾아낼 수 있습니다.

영국의 시인 워즈워스는 이렇게 말했지요.

어린이의 마음은 삼각형이라서,

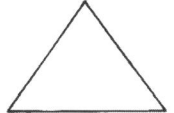

양심의 가책을 받으면 마음이 심장 속을 돌아다니며 찌르기 때문에

곧바로 아픔을 느껴 순수함을 유지할 수 있다고 합니다.

다시는 거짓말하지 말자.

농경사회나 산업사회는 경험이 절대적으로 필요한 후견사회이지만,

지식사회는 먼저 보는 사람이 유리한 선견사회입니다.

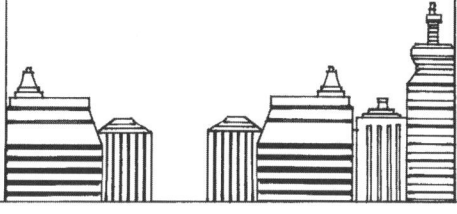

영어와 컴퓨터가 중요한 이유도 지식과 정보를 먼저 볼 수 있기 때문이지요.

지식사회에서는 모두가 스승인 셈입니다.

지식사회에서 '삼인행 필유아사(三人行 必有我師)'가 큰 설득력을 갖는 것이지요. 다시 한 번 공자의 가르침의 범용성에 감탄하게 됩니다.

오늘 만나는 모든 사람이 나의 스승이라고 믿고, 만나는 사람에게서 한 가지씩만 배워도 의미 있고, 보람 있는 하루가 될 것입니다.

음, 좋아.

1장 • 배움, 죽을 때까지 손에서 책을 놓지 마라

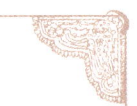

옛 것 속에 새 것 있다
溫故而知新
온 고 이 지 신

공자는 남을 가르치는 스승의 조건으로 온고이지신을 강조하고 있습니다.

온고이지신은 가르치는 사람의 기본이니라. 그래야 다른 사람의 스승이 될 수 있느니.

溫故而知新 可以爲師矣
온 고 이 지 신 가 이 위 사 의

이 말은 남을 가르치는 것이 얼마나 어려운 일인가를 말해 줍니다.

가르치는 자리에 있는 사람은 자신의 위치를 돌아봐야 할 필요가 있습니다.

나는 지금 참교육을 하고 있는 걸까?

나아가 학문하는 사람에게 온고이지신은 아무리 강조해도 지나침이 없는 말이지요.

논문을 쓰거나 연구를 할 때 일차적으로 하는 일이 선행연구에 대한 분석인데,

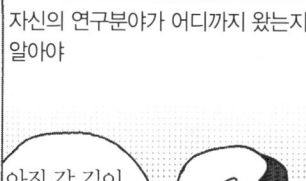

직위나 학벌에 관계없이, 이러한 자세가 지식사회를 살아가는 안전판이 되어 줄 것입니다.

온고이지신은 개혁과 혁신에도 필수적인 개념입니다.

혁신이란 기존의 틀을 바꾸는 것입니다.

업무혁신은 유연한 자세로 자신의 업무를 끊임없이 개선할 때 가능해집니다.

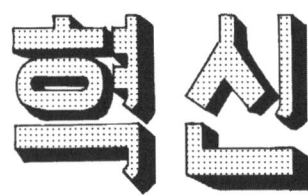

옛 것에 대한 충분한 지식이 없을 때,

혁신은 기득권의 저항에 부딪쳐 용두사미로 끝나기 쉽고,

가슴으로만 하는 혁신은 실패할 수밖에 없습니다.

혁신은 머리로 할 때 성공할 수 있는 것입니다.

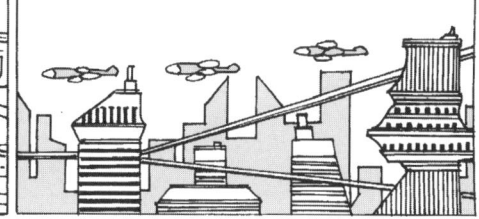

배움에는 귀천이 없다

有教無類
유 교 무 류

하버드대와 예일대는 세계 최고의 명문대로, 이 두 대학의 공통점은 모두 사립학교라는 점입니다.

우리나라에서 관심이 많은 아이비리그는 바로 미국 동북부의 8대 사립명문이지요.

이들 사립학교는 설립 취지에 따라 독자적인 교육을 할 수 있기에 명문학교로 성장할 수 있었습니다.

그렇다면 세계 최초의 사립학교는 누가 언제 세웠을까요?

바로 공자가 인류 최초의 사학 창시자라고 평가받고 있습니다.

공자를 따르는 제자는 무려 3,000명에 이르렀습니다.

교육을 통해 사람은 변화될 수 있기에 누구에게나 교육 기회가 평등하게 주어져야 하고 가르침에 있어서도 차별을 둬서는 안 되느니라.

공자의 제자들을 살펴보면 자공과 영유는 부자였지만 안회는 가난했고,

맹의자는 신분이 높았지만 자로는 신분이 낮았습니다.

나이도 천차만별이어서 자로는 공자보다 아홉 살 아래로 최고 연장자였고, 안로는 공자보다 쉰세 살이 적어 최연소 제자였지요.

출신지역은 공자의 고향인 노나라 출신들이 주축을 이루었지만 자공은 위나라, 자장은 진나라 출신이었습니다.

다만 공자는 제자들이 학문적으로 얼마나 성장하고

인격적으로 성숙한가를 놓고 평가하려고 했기에

많은 제자가 구름처럼 몰려온 것이지요.

미국 최초의 흑인 대통령 탄생은 미국을 위대한 나라로 자리매김하도록 했습니다.

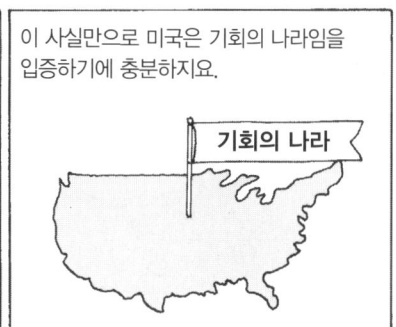
이 사실만으로 미국은 기회의 나라임을 입증하기에 충분하지요.

오바마의 기적에 대해 많은 분석과 설명이 있지만

기적의 원초적인 근원은 바로 교육에 있습니다.

교육은 그가 불우한 환경을 딛고,

정체성의 혼란과 열등감을 이겨내면서,

인종과 신분의 벽을 뛰어넘는 위대한 힘을 불어넣었습니다.

우리나라가 한강의 기적을 이루고 세계 10대 경제대국으로 발돋움할 수 있었던 것도 높은 교육열 때문입니다.

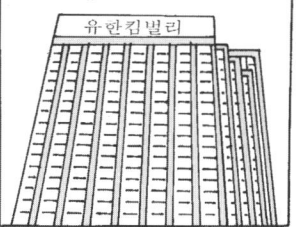

공자의 인생역정

공자의 아버지 숙량홀은 몰락 귀족으로 하급 무사 출신이며,

첫 부인에게서 9명의 딸을 낳았으나 아들이 없었고

둘째 부인에게서 아들을 얻었지만 불행하게도 장애자였습니다.

하아~ 이리도 아들 복이 없다니…!

아들을 낳겠다는 집념으로 셋째 부인을 얻었는데 그때가 숙량홀의 나이 65세가 넘었고 아내 안징재는 16세 처녀였습니다.

이번엔 기필코 아들을 낳으리라!

기원전 551년 중국 노나라의 창평향 추읍(현재의 산둥성 곡부)에서 태어난 공자는 아버지에게 사랑을 받았지만,

우하하! 아들이다! 아들~!

아버지는 공자 나이 3세에 세상을 떠나고 맙니다.

그러나 정치가로서 인생의 절정에 오른 공자에게 불행이 밀어닥칩니다.

성공

최고가 되려는 마음 없이는 최선을 다할 수 없다

자신을 이기는 습관
克己復禮爲仁
극 기 복 례 위 인

논어에서 추구하는 인재상은 군자인데,  군자란 행실이 어질고 덕망과 학식이 높은 인격자를 말합니다.

군자야말로 바람직한 인재의 표상일세.

공자는 가르침의 기본원칙으로 다섯 가지 덕목인 '인, 의, 예, 지, 신'을 꼽았습니다.

仁義禮智信

인(仁)은 어짊, 의(義)는 의리, 예(禮)는 예의바른 행동, 지(智)는 지혜, 신(信)은 신뢰를 뜻하지요.

그중에서도 '인'은 논어에서 109회나 언급될 정도로 가장 중요시되는 덕목입니다.

한마디로 논어는, 인을 몸에 갖추기 위한 학문이라고 정의할 수 있습니다.

인에 대해서 공자는 일률적으로 규정하지 않았습니다.

자신을 위한 삶에서

다른 사람을 배려하는 삶으로 전환할 때,

그 기준이 바로 '예(禮)'입니다.

예는 사회생활에서 지켜야 할 도덕규범이며,

예를 통해 개인과 집단이 조화를 이룰 수 있습니다.

만약 집단에 예가 존재하지 않는다면 생리적인 본능과 약육강식이 지배하는 동물의 세계와 전혀 다를 바 없지요.

상대방을 존경하고 배려하는 마음이 바로 예의 실천인 것입니다.

공자가 주장하는 극기복례의 철학을 오늘날 직장에서 어떻게 적용할 수 있을까요?

요즘 잘나가던 직장인들이 성희롱 사건으로 중요한 자리에서 물러나거나 직장을 그만두는 경우가 자주 일어납니다.

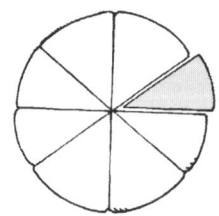

몰입의 즐거움

發憤忘食 樂而忘憂
발 분 망 식 낙 이 망 우

논어에서 특별한 대접을 받는 제자가 둘 있는데 바로 증자와 유자입니다.

증자

유자

이름에 '자(子)'를 쓰는 것은 존칭을 의미하지요.

다른 제자들은 모두 이름을 불렀는데 두 제자에게만 높임말을 사용한 이유가 뭘까요?

그것은 증자와 유자의 제자들이 논어를 편찬하는 과정에서 영향력을 미쳤기 때문이라고 봅니다.

우리 스승님을 존경하는 마음으로…

유자는 외모나 학문을 좋아하는 모습이 공자를 빼닮았다고 전해집니다.

그래서 유자를 대신 섬기자는 제안을 했다고도 합니다.

공자님이 안 계시니 이제 유자님을 섬기는 게 어떤가?

그거 말 되네. 두 분이 닮은꼴이니.

유명한 논어구절, '군자무본 본립이 도생'은 유자가 남긴 말입니다.

기본이 곧 근본이여! -유자

군자는 자신의 직무에 최선을 다한다는 뜻입니다.

기본을 지키지 않으면서 다른 사람에 대해 이야기하면 설득력이 없지요.

자네는 지각이 참 잦군!

헐! 나보다 더하면서.

기본을 평가하는 기준은 뭔가요?

효제(孝悌)! 부모님을 잘 섬기고 형과 어른을 공경하는 마음일세.

부모님 어른을 공경하고 형제 간에 우애가 있으면 대인관계를 원만하게 잘 할 수 있습니다.

성공하는 사람들의 성공요인의 85%는 대인관계 능력입니다.

사실 우리가 유치원이나 초등학교 때 배운 내용들은 모두가 기본을 가르치는 것입니다.

대인관계능력

그것은 이 세상을 살아가는 데 있어 변치 않는 원리이고,

솔선수범, 배려, 청결

곰돌이 유치원

세월이 흘러 나이가 들어도, 중요한 것은 그때 배운 내용을 벗어나지 않습니다.

어릴 때 들은 부모님 잔소리가 모두 진리였어.

맞아. 진리 중의 진리지.

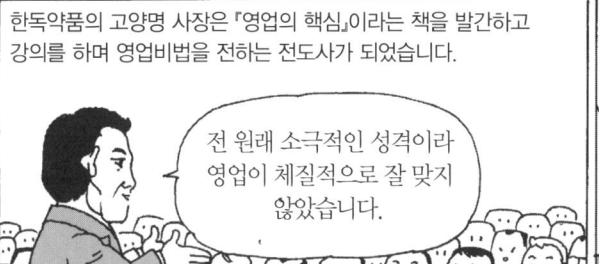

시간 약속을 잘 지키는 것.

작은 배려와 실천.

먼저.

이런 것들이 비즈니스를 성공시키는 고객만족의 근본입니다.

이런 작은 실천들이 모여서 신뢰가 쌓이면 영업은 저절로 이루어집니다.

신뢰는 '언행일치'에서 나옵니다.

아마추어와 프로를 구분하는 내용을 본립이도생의 차원에서 소개합니다.

1. 아마추어는 불을 쬐지만, 프로는 불을 피운다.
2. 아마추어는 변명을 하지만, 프로는 목숨을 건다.
3. 아마추어는 관광객이지만, 프로는 여행가다.
4. 아마추어는 자기 이야기만 하지만, 프로는 남의 말을 듣는다.
5. 아마추어는 결과에 집착하지만, 프로는 과정을 중시한다.
6. 아마추어는 약자에게 강하지만, 프로는 강자에게 강하다.
7. 아마추어는 돈을 소중히 하지만, 프로는 사람을 소중히 한다.
8. 아마추어의 무대는 관중석이지만, 프로의 무대는 운동장이다.
9. 아마추어는 자신에게 관대하고 남에게 엄격하지만, 프로는 자신에게 엄격하고 남에게 관대하다.
10. 아마추어는 비난을 하지만, 프로는 비판을 한다.

하나를 제대로 알면 열을 알 수 있다

一以貫之
일 이 관 지

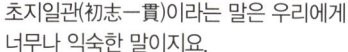

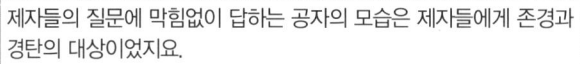

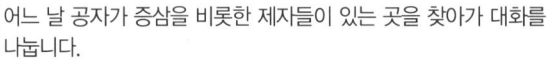

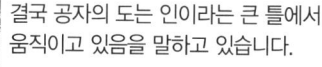

지속적으로 공부하고 깨어 있을 때 자신과 세상을 위해 빛과 소금의 역할을 할 수 있는 것입니다.

인과 호학이라는 두 축으로 논어가 구성되어 있다고 해도 과언이 아닙니다.

仁+好學=논어

저는 한 분야에서 10년 이상 종사한 많은 전문가들에게 책을 쓸 것을 권유합니다.

저의 이야기를 듣고 책을 쓴 사람이 적지 않습니다.

책 쓰기를 강조하는 이유는 책이야말로 일이관지의 철학이 없으면 쓸 수 없는 것이기 때문입니다.

제 친구 중에 치과의사가 있습니다.

그 친구는 저의 설명을 듣고,

『입 안에 행복을 심는 사람들』이라는 책을 발간했습니다.

세 치 혀를 감싸고 있는 입 속을 매일같이 들여다보며 느낀 점과, 환자들을 통해 얻은 인생의 지혜, 좁은 입 안과 넓은 세상이 소통하는 이야기를 담았답니다.

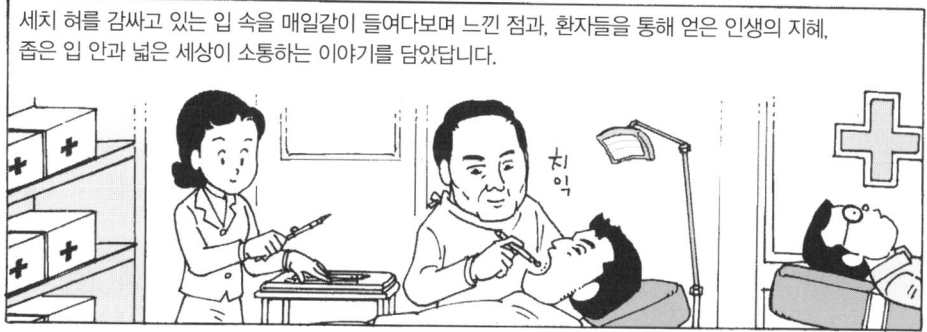

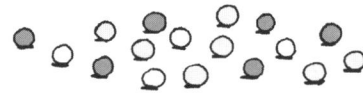

진퇴를 분명히 하라

用之則行 舍之則藏
용 지 즉 행 사 지 즉 장

세상이 자신을 필요로 하는 한, 최선을 다해 그 사명을 감당하는 용지즉행의 자세가 필요합니다.

자신이 맡은 업무를 천직으로 알고 성심으로 일을 해 나가야 합니다.

그러다가 세상이 나를 필요로 하지 않는다고 하면 자리에 연연하지 말고 미련 없이 그 자리를 박차고 나오는 사지즉장의 철학이 있어야 합니다.

특히 공직자나 리더의 경우, 반드시 명심하시기 바랍니다.

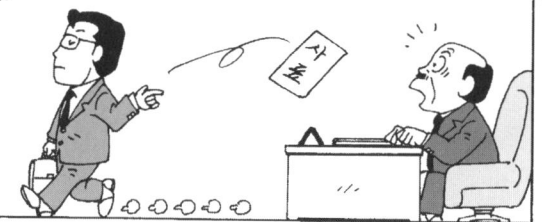

조선 중종 때 유학자 하서 김인후는 강직하기로 정평이 나 있었습니다.

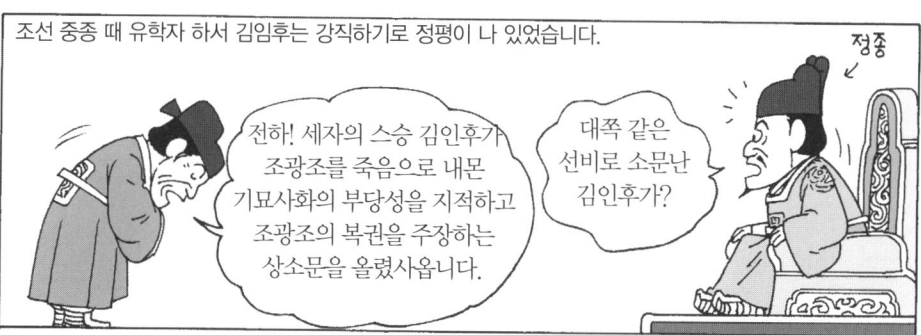

김인후의 용기 있는 상소의 영향으로, 숨죽이고 있던 선비들이 직언할 수 있는 분위기가 형성되었지요.

중종의 뒤를 이어 인종이 왕위에 오르자,

2장 · 성공, 최고가 되려는 마음 없이는 최선을 다할 수 없다   103

대통령이나 국회의원을 꿈 꾸는 사람들도 선거에 나가 당선되면 용지즉행의 기회가 주어졌으니 목표 달성을 위해 최선을 다해야 하며

선출되지 못한 사람들은 사지즉장의 마음이 필요합니다.

결과에 승복하고 도와준다면 새로운 용지즉행의 기회를 얻을 수 있을 것입니다.

미국 대통령 선거에서 오바마에게 패한 매케인 후보는 지지자들이 오바마를 야유하는 말을 하자 즉시 이를 중지시키며

결과에 승복하는 아름다운 패배자의 모습을 보였습니다.

이 같은 풍토는 훈련을 통해 민주주의가 몸에 배어 있기 때문에 가능한 것이지요.

용지즉행과 사지즉장을 통해 진퇴를 분명히 하면서 이 두 영역을 유연하게 넘나드는 의식과 지혜가 요구되는 시대입니다.

상사는 상사답게, 부하는 부하답게
君君臣臣父父子子
군 군 신 신 부 부 자 자

인생에는 중요한 선택 세 가지가 있습니다. 배우자의 선택!

가치관의 선택! 어떻게 살 것인가?

직업의 선택! 무슨 일을 할 것인가?

이 중에서 성인이 되면 꼭 필요한 게 직업의 선택이지요.

난 내가 좋아하는 일을 할 거야! / 난 일단 보수가 좋은 일을! / 난 보수보다 비전을!

직업 없이 세상을 제대로 살아가기는 매우 어렵습니다.

유산상속 안 될까요? / 나가!

사람은 일을 통해 자신의 꿈과 사명을 실현합니다.

내가 만든 음식을 사람들이 맛있게 먹는 게 좋아요.

각자 자신의 일터에서 역할을 성실하게 수행하면 일터가 안정되고 결국에는 나라가 인정되는 것이시요.

제나라의 경공이 공자에게 정치에 대해 물었습니다.

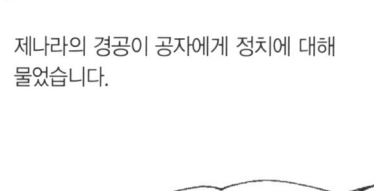

우리나라 사람들은 애국심이 유별나다고 합니다.

정치에 관심이 많은 것도 그만큼 나라를 사랑하는 마음이 강한 까닭이지요.

그 열정으로 우리나라가 경제대국이 되었고 런던올림픽 5위를 하는 저력도 발휘할 수 있었지요.

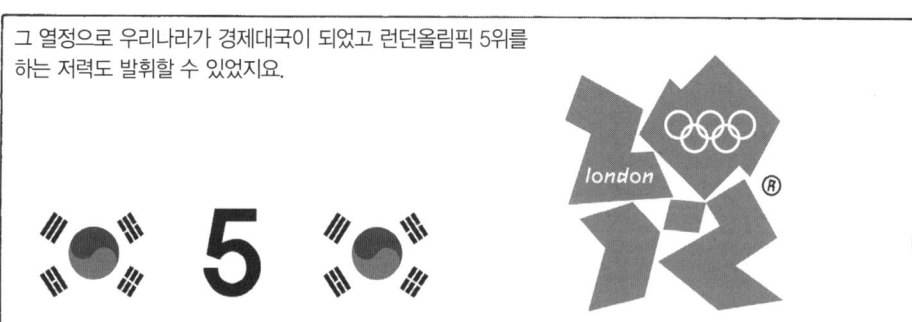

『모티베이터』의 저자인 KTF 조서환 부사장은 애직심의 표본으로 유명합니다.

조서환 부사장은 육군 장교로 복무 중에 수류탄 사고로 오른손을 잃었습니다.

대학 졸업 후, 오른손이 의수라는 이유로 입사원서를 내는 곳마다 퇴짜를 맞았지요.

우여곡절 끝에 애경그룹의 장영신 회장에게 발탁되어 마케팅 전문가로서

하나로 샴푸, 2080치약 등을 히트시키며 회사에 큰 기여를 했습니다.

KTF로 자리를 옮긴 뒤에도 쇼(SHOW)등을 히트시켜 KTF의 위상을 높였습니다.

그는 왼손 하나로 골프를 하면서 싱글을 쳐서 세상을 놀라게 했습니다.

오른손 없이 어떻게 그런 기적 같은 일을 이루어내셨는지요?

일을 열심히 하다 보면 제가 오른손이 없다는 사실도 잊어버립니다.

바쁘게 살다 보니 오른손이 다쳤는지 왼손이 다쳤는지 심지어 내가 불구라는 사실조차 잊어버립니다.

한 우물을 파라

吾斯之未能信
오 사 지 미 능 신

공자의 제자 중 칠조개라는 인물은 논어에 딱 한 번 나오는데 그의 말을 듣고 공자가 기뻐했다고 합니다.

칠조개는 신분이 미천한 사람으로

- 우린 귀족 신분.
- 신분을 밝히기 부끄럽구려.

뒤늦게 공자 학단에 입문한 늦깎이 제자였습니다.

그는 공자보다 열한 살 아래로 제자들 중에서 나이가 많은 편이었습니다.

공자는 제자들에 대한 평가가 인색해서

- 제자들 중에 누가 뛰어난가요?
- 글쎄…

안회를 제외하고는 대부분 좋은 평가를 받지 못했지요.

- 안회 이후로는 인물이 없어서…

2장 • 성공, 최고가 되려는 마음 없이는 최선을 다할 수 없다

학문을 닦는 궁극적인 목적이 현실세계의 개선에 있는 까닭이지요.

학문을 연마하여 그 뜻을 나라를 위해 사용하는 것은 바람직한 일이고,

장려해야 할 일이기도 합니다.

물론 학문은 뒷전이고 자리만 찾아다닌다면 문제시되어야 마땅하지요.

학자의 본분은 역시 학문의 세계에 몰입하고 후진을 양성하는 데 있지요.

사실 대부분의 학자는 자신의 전공분야에서 불철주야 노력하는 사람들입니다.

저는 숙명여대에서 1년간 초빙교수를 지낸 적이 있습니다.

그곳에서 학문에 열중하는 교수와

강의에 헌신하는 교수들의 모습을 많이 보았습니다.

자신의 직분에 정진하는 칠조개의 태도를 학자들에게만 국한될 수는 없습니다.

유럽의 피터 드러커라 불리는 헤르만 지몬 교수가 집필한 『히든 챔피언』이란 책이 있습니다.

'히든 챔피언'은 세상에 잘 알려지지 않은 세계 1등기업을 말합니다.

이들 기업에는 몇 가지 공통점이 있습니다.

평균수명이 60년 이상이고,

평균매출은 4,340억 달러,

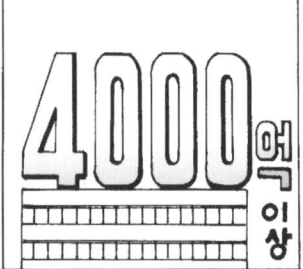

평균성장률은 8.8퍼센트,

세계시장 점유율은 33퍼센트 이상을 자랑합니다.

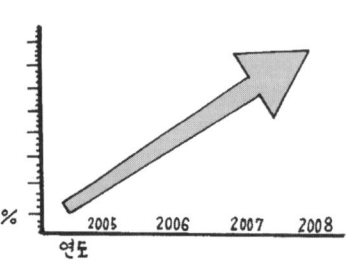

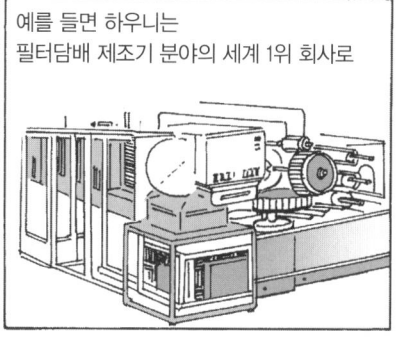

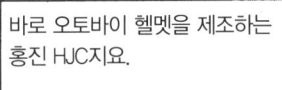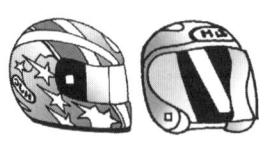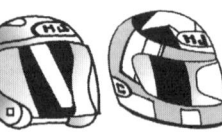

6년 만에 북미시장 1위를 차지하는 저력을 발휘했습니다.

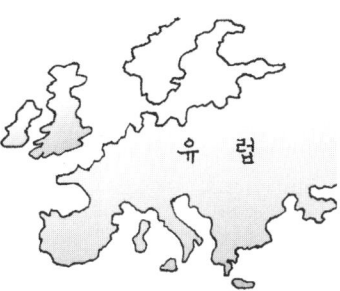
세계 수요의 40퍼센트를 점하는 유럽시장 진출을 위해

프랑스에 현지법인을 설립하고

본격적인 유럽시장 공략을 준비하고 있습니다.

세계시장 점유율 1위의 비결은 무엇일까요?

연구하지 않는 기업은 살아남을 수 없습니다. 우리는 매출액의 10퍼센트를 연구개발에 투자합니다.

국내 중소기업이 평균적으로 월 매출의 1퍼센트 가량을 연구개발에 투자하는 것과 비교하면 엄청난 차이라고 할 수 있지요.

홍진 HJC는 쉬지 않고 연구하면서

언제 어디서나 헬멧~!

한눈팔지 않고 외길을 달려

잘 때도 헬멧을 품고 자자!

2장 • 성공, 최고가 되려는 마음 없이는 최선을 다할 수 없다

히든 챔피언의 반열에 오를 수 있었던 것입니다.

히든 챔피언들은 미련할 정도로 한 우물을 파면서

이 정도 파면 될까요?

더 파! 계속 파!!

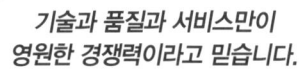

기술과 품질과 서비스만이 영원한 경쟁력이라고 믿습니다.

무한 경쟁시대에 개인이든 기업이든 자신의 분야에서 핵심역량을 확보하지 못하면

생존을 위협받는 시대가 되었습니다.

살아남는 걸 넘어서 절대강자로!

다른 유혹이 밀려올 때 칠조개처럼 말할 수 있는 철학이 필요하다고 봅니다.

다른 일에는 자신이 없습니다. 현재 제가 하는 일에 집중하고 싶습니다.

꿈은 이루어진다

我待賈者也
아 대 고 자 야

공자가 자신의 정치철학과 사상을 실현할 수 있는 기회를 찾기 위해 제후들을 만나며 천하를 돌아다닌 세월이 무려 14년이나 됩니다.

제후들은 공자의 가르침에 감동하면서도 막상 나랏일을 맡기지 않았지요.

기피하는 제후도 있었고,

때로는 신하들의 반대로 발탁이 무산되기도 했습니다.

천하를 주유하며 기회를 기다리는 공자에게 어느 날 자공이 이렇게 말합니다.

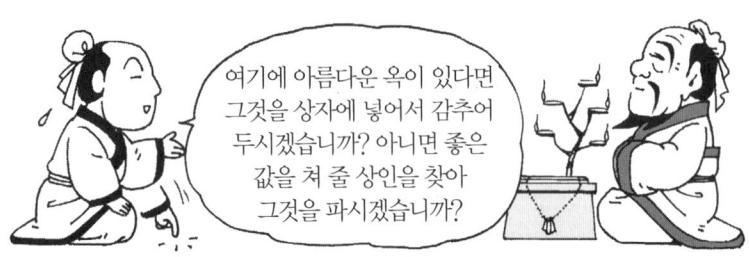

공자는 이렇게 대답합니다.

'고지재 고지재 아대고자야
(沽之哉 沽之哉 我待賈者也).'
팔 것이다. 팔 것이다. 나는 좋은 값을 쳐
줄 상인을 기다리는 사람이다.

이야말로 공자의 인간적인 매력을 흠뻑 느낄 수 있는 대목이지요.

상인은 어디 있는고?

'아대고자야'라는 표현은 공자로서 결코 쉽지 않은 말이었을 겁니다.

기다리는 것도 쉽지 않구나.

공자는 자신의 속마음을 털어놓음으로써 군주를 만나기를 진정으로 소망하고 있었습니다.

실제로 공자는 자신감을 가지고 있었습니다.

바르고 공정하게! 이것이 정치의 근본이니라.

공자가 천하를 떠돌아다닌 배경을 다시 살펴볼까요.

이웃 나라의 발전이 아주 눈부십니다.

공자의 고국인 노나라가 공자의 가르침으로 국력이 나날이 커지자 이웃 제나라가 시기하여

공자의 가르침을 멈추어야 합니다.

우리가 공자를 스카우트하면 어떨까?

안 돼! 우리 자리가 위태로워져!

2장 • 성공, 최고가 되려는 마음 없이는 최선을 다할 수 없다

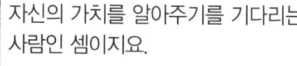

우리는 자신을 진정으로 알아주는 리더를 만나기 위해 먼저 준비해야 합니다.

물이 차면 넘치는 법!

자신을 알아줄 사람을 기다리며

실력과 인격을 갖추면

언젠가는 발탁될 기회가 찾아옵니다.

금호 그룹의 윤생진 상무는 고졸 기능공 출신으로 대기업의 임원까지 오른 입지적인 인물입니다.

그는 가정형편상 대학진학을 포기하고 취업을 했답니다.

그가 입사시험을 볼 때의 에피소드입니다.

많은 아이디어를 내다 보니 봉급의 20%정도를 매월 회사에서 상금으로 받았고,

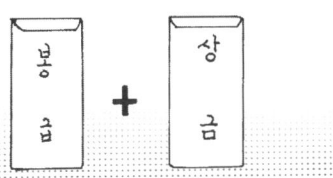

설탕, 조미료, 치약, 칫솔 등 생필품을 전부 상금으로 구입한 덕분에 제 돈 내고 산 적이 없었답니다.

그는 대신 TV연속극을 하루도 보지 않고

시간을 금쪽같이 아끼며 보냈습니다.

일류대학 나온 사람 못지않은 실력을 갖춰서 대우 받으리라!

그의 운명을 바꾼 발명품을 하나 소개하겠습니다.

타이어 중에 '백태타이어'라는 것이 있습니다.

백태 타이어

타이어를 만들어 출하하기 전에 백태를 보호하기 위해 그 위에 파란 페인트를 칠해 마무리를 합니다.

그런데 페인트를 칠하는 기술이 자동화되지 않아서

사람들이 일일이 붓으로 페인트칠을 해야만 했지요.

이걸 매번 칠해야 하다니 너무 번거롭네.

어쩌겠냐. 시키는 대로 해야지.

지금까지의 제안이 모두 18,000개가 넘고

훈장 1회, 대통령표창 5회, 특진 7회, 사장표창 52회로

샐러리맨의 신화를 썼습니다.

현재, 그룹 회장실에서 근무하면서 회사의 경영전략개발에 관여하고,

경영전략개발

외부 강연을 통해 금호그룹의 '움직이는 광고판'이라는 평가를 받고 있지요.

어떤 조직이든 최고경영자는 아대고자야의 자세로 일하는 사람을 찾아야 합니다.

동시에 직장인들은 꿈과 비전과 목표를 정하고 실력을 쌓으며 때를 기다려야 하겠지요.

기회는 온다!

전문성에 통찰력을 갖춘 T자형 인재
君子不器
군 자 불 기

흔히 사람의 됨됨이를 그릇 크기에 비유하지요.

그릇이 작다면 평범한 사람이고,

큰 그릇은 포용력 있고 여유 있는 사람을 뜻합니다.

공자는 사람의 그릇에 대한 유명한 말을 남겼습니다.

'군자불기(君子不器)!' 군자는 그릇 같은 존재가 아니다!

그릇은 그릇마다 본래의 용도가 있습니다.

그릇은 원래 만들어진 기능에 맞게 사용되어야,

편하고,

멋도 있습니다.

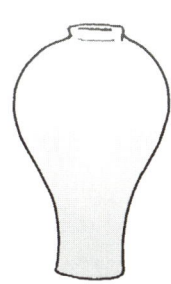

2장 • 성공, 최고가 되려는 마음 없이는 최선을 다할 수 없다

그런데 공자는 이렇게 말합니다.

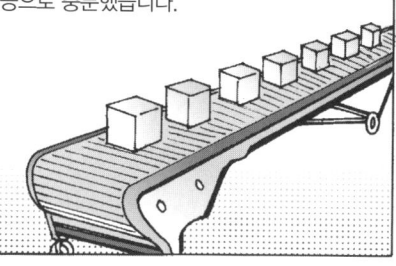

인재는 I자형 인재와

T자형 인재로 나뉩니다.

I자형은 한 우물을 파는 전문가형이고,

T자형 인재는 전문성과 통찰력을 가진 사람입니다.
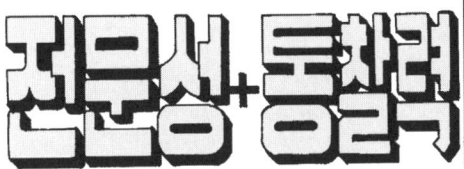

전문가가 된 다음에는 관련기능을 다각화하여

멀티플레이어 역할을 할 수 있어야 합니다.
"시장을 리드할 새로운 전략을 세워 봅시다."

전문성을 바탕으로 한,
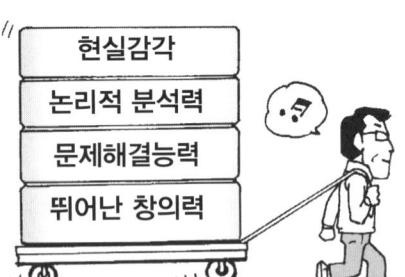
현실감각 / 논리적 분석력 / 문제해결능력 / 뛰어난 창의력

글로벌 시대의

무한경쟁의 파도를 뛰어넘어야 하는 기업은

T자형 인재를 절실하게 원하고 있습니다.

T자형 인재라는 말은 도요타자동차에서 처음 등장했습니다.

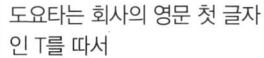
도요타는 회사의 영문 첫 글자인 T를 따서

도요타가 원하는 인재상을 전문성과 다양성의 의미를 담아 T자형으로 정의했습니다.

한 분야에서 전문가가 된 후에

관련된 기능을 습득하는 다기능 전략을 추구해

한 생산라인에서 여러 제품을 생산하여 경쟁력을 높였고

근로자의 제안도 활성화해

창의적 제안! 품질개선 제안!

근로자 1인이 1년 평균 30건의 제안을 하고 있습니다.

제안 제안 제안 제안

T자형 인재를 추구한 덕분에 주인의식이 생기고 자발적인 동기부여가 되었지요.

2장 성공, 최고가 되려는 마음 없이는 최선을 다할 수 없다

거기에다 '수신제가치국평천하(修身齊家治國平天下)'의 리더십 교육까지 받고 있었으니 전문성, 인격, 열정을 겸비한 인재를 군자라고 부른 것입니다.

동국제강의 정문호 부회장은 해외출장을 갈 때를 제외하고는 공부하는 조찬 세미나에 어김없이 참석합니다.

매주 공부하는 기쁨이 참 큽니다.

정문호 부호장

다양한 분야를 공부하고 있어 경영에 큰 도움이 됩니다.

한 직장에서 40년 이상 일할 수 있는 저력의 비결은 전문성과 다양성이 뒷받침되기 때문이지요.

전국에 학습열풍이 불고 있습니다.

도시와 농촌 구분 없이 학습의 열기가 뜨겁습니다.

평생학습의 열정이 우리나라를 선진국으로 끌어올릴 수 있다고 믿습니다.

전문성과 인격과 열정을 요구하는 군자불기 정신이야말로 시대를 초월하는 귀한 가르침입니다.

세상에 공짜는 없다

見利思義
견 리 사 의

'열 길 물속은 알아도 한 길 사람 속은 모른다.'

사람은 알기 힘들다는 옛 속담이지요.

믿었던 사람한테 발등 찍힌 경험이 있는 사람에게는 더욱 실감나는 말이지요.

그러면 사람의 본심이 비교적 잘 드러나는 때는 언제일까요?

바로 이익을 눈앞에 두었을 때입니다.

줍는 사람이 임자다!
돈이다!!

공자는 군자와 소인을 비교하는 기준으로 의리와 이익을 제시합니다.

군자는 의리에 밝고 소인은 이익에 밝다!

見利思義 見危授命 久要不忘平生之言
견 리 사 의   견 위 수 명   구 요 불 망 평 생 지 언

이익을 눈앞에 보면서 의리를 생각하고, 국가가 위태로울 때 목숨을 바치며 오래된 약속일지라도 평소에 한 것처럼 잊지 않는다.

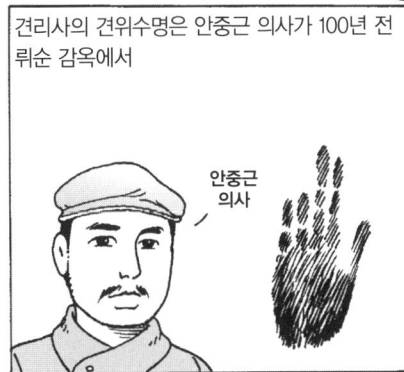

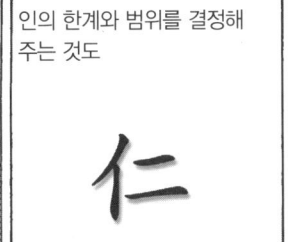

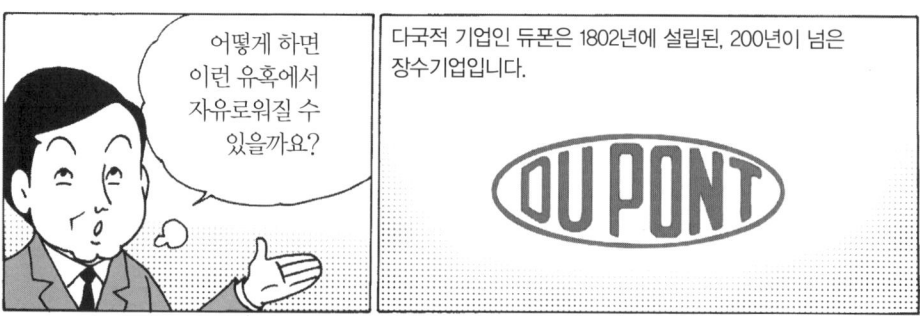

정직한 기업문화가 정착될 수 있었다고 합니다.

우리가 의사결정을 할 때, 이 세 가지 질문을 스스로에게 던진 후에 행동한다면 공자의 견리사의 정신에 합당하다고 할 수 있지요.

국가가 위태로울 때 목숨을 바친다는 견위수명도 마음에 새겨 둘 필요가 있습니다.

봉화다!! 적군이 쳐들어온다!!!

옛날에는 국가의 위기가 전쟁으로 귀결되는 경우가 정말로 많아서,

와 와아
나라를 구하자!

전쟁이 일어나면 목숨을 바칠 수밖에 없는 상황이었지요.

그러나 오늘날은 국가가 어렵다고 목숨까지 위태로워지는 경우는 극히 예외적입니다.

그러나 세계화시대는 국경 없는 전쟁시대로

산업전쟁 정보전쟁 식량전쟁

실업자가 많아지고

자살도 많아진다면

이 또한 전쟁에서 목숨을 잃는 것과 다를 바 없지요.

경제위기의 타결을 위해 공직자나,

우리가 잘 해야 경제가 살아납니다.

기업체 리더들이 목숨을 바치는 자세로 사명감을 갖고 일해야 할 이유이기도 합니다.

우리가 바로 나라의 기둥입니다.

'구요불망 평생지언(久要不忘 平生之言).' 오래된 약속일지라도 평소에 한 것처럼 잊지 않는다는 말 역시 유념해야 합니다.

무심코 던진 말 한마디도 책임질 줄 알아야 합니다.

우리나라 사람들은 바쁘다는 말을 자랑처럼 입에 물고 다니지요.

후아~ 바쁘다, 바빠!

무엇에 쫓기듯이 늘 바쁘게 사는 것이

요즘 너무 바빠서 말이야…

야야, 오줌 누고 뭐 볼 시간도 없다

지금 바쁘니까 나중에 전화해.

우리도 모르게 삶의 패턴이 되어버린 것 같습니다.

공자가 성숙한 인간의 기준으로 제시한 세 가지 덕목을 마음 깊이 새기며 차분한 삶을 설계하기 바랍니다.

수양을 위해 공부하라

爲己之學 爲人之學
위 기 지 학 위 인 지 학

우선순위를 결정할 때 도움을 주는 책이지요.

인생의 성공과 실패도 따지고 보면 순서의 문제라고 할 수 있습니다.

우리가 흔히 사용하는 '본말(本末)이 전도되었다'는 말도 우선순위의 중요성을 강조한 표현이지요.

오늘은 우선순위를 공부하기로 하지.

논어 역시 순서가 얼마나 중요한지를 알려 줍니다.

순서!

공자는 배움에 있어서도 우선순위를 확실히 하라고 말합니다.

'고지학자위기 금지학자위인
(古之學者爲己 今之學者爲人).'
옛날의 학자는 자기수양을 위해 공부했다.
그러나 지금의 학자는 다른 사람의 평가를
얻기 위해서 공부한다.

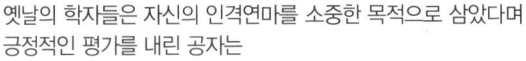

중국 역사의 전설상의 시기인 삼황오제 시대를 거쳐

덕치를 행한 요순임금의 태평성대 신화를 지나

중국의 실존국가 하나라로부터 시작해 은나라, 주나라로 이어집니다.

주나라는 기원전 11세기, 무왕이 세운 나라인데

주공은 무왕의 동생으로 초기 국가의 기틀을 마련하는 데 기여했습니다.

형님, 전하!

무왕이 일찍 세상을 떠났는데,

그의 아들 성왕이 13세의 어린아이여서

주공이 7년간 왕을 대신해 섭정을 했지요.

2장 • 성공, 최고가 되려는 마음 없이는 최선을 다할 수 없다

春秋戰國時代

춘추시대는 기원전 770년에서 476년까지의 기간으로, 주나라의 힘이 약해지자 제후들이 천하의 패권을 잡으려 세력을 다투던 기간입니다.

그래도 제후들이 주나라 왕실을 내세우며 나름대로의 체면을 지켜주고 절차를 밟던 시기였지요.

반면에 전국시대는 기원전 475년에서 221년까지로 200개 이상 존재하던 제후국들이 10여 개 정도의 대국에 통합되고 이 대국들끼리 치열한 전쟁을 치렀습니다.

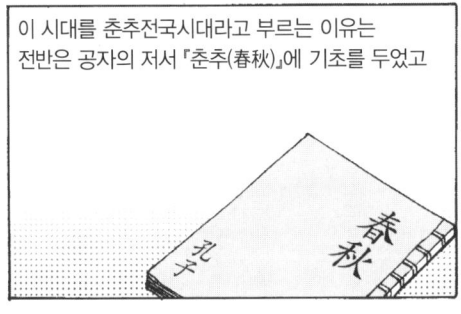

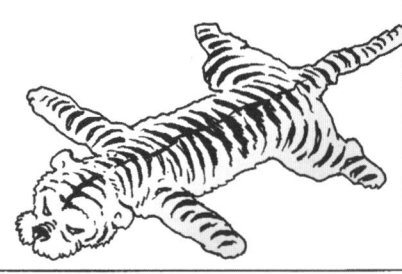

고난을 기회로 활용하라

困而學之者 困而不學者
곤 이 학 지 자 곤 이 불 학 자

세상에는 세 부류의 사람이 있습니다.

꼭 필요한 사람, 있으나 마나한 사람, 그리고 없는 편이 나은 사람.

논어에서는 사람을 어떻게 분류할까요?

공자는 사람을 깨달음의 정도에 따라 4단계로 구분합니다.

오늘 할 강의는 인간의 종류일세.

生而知之者 學而知之者 困而學之者 困而不學者
생 이 지 지 자 학 이 지 지 자 곤 이 학 지 자 곤 이 불 학 자

태어나면서부터 아는 사람이 있고
배워서 아는 사람이 있으며,
고난을 통해 배우는 사람이 있고
고난을 겪고도
못 배우는 사람이 있느니라.

첫째, 생이지지자. 기독교인들은 예수는 하나님의 아들로 태어나면서부터 모든 것을 알았다고 믿습니다.

둘째, 학이지지자. 교육을 통해 사람은 변화합니다.

그런데 같은 처지에 있는 다른 교인이 손을 잡고 한마디 하자, 용기를 얻는 것을 보고 체험의 중요성을 절감할 수 있었다고 합니다.

넷째, 곤이불학자는 고난을 통해서도 배우지 못하는 사람입니다.

실패한 사람들의 공통점이 바로 실패에서 배우지 못한다는 점입니다.

『바보들은 항상 결심만 한다』라는 책은 바로 그런 사람들에 관한 이야기입니다.

실패한 사람들은 신기하게도 똑같은 실패를 반복합니다.

곤이불학자의 공통점은

모든 문제를 내부에서 찾지 않고, 외부에서 찾는다는 것입니다.

승자는 실수했을 때 "내가 잘못했다"고 하지만, 패자는 "너 때문이야"라고 합니다.

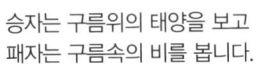

배우고 일하는 태도
文行忠信
문 행 충 신

대학에는 교수를 위한 학습센터가 있습니다. 교수들이 강의를 잘할 수 있도록 도와주는 역할을 하지요.

교수가 강의를 잘하는 것은 당연하고, 또 대단히 중요한 일입니다.

그럼에도 불구하고 많은 교수들이 강의를 잘하는 것을 우선 순위에 두지 않았지요.

뭐, 강의도 잘해야겠지만…

논문도 쓰고 프로젝트도 진행해야 해서…

하지만 학생들이 교수를 평가하게 되면서 강의에 신경을 쓰지 않을 수 없게 되었지요.

공자는 학생을 가르치면서 우선순위를 정하고 지도했습니다.

논어의 매력은 언어의 함축미에 있습니다.

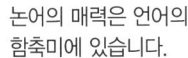

복잡한 문제를 단순화시켜 촌철살인의 지혜를 제공하기 때문에

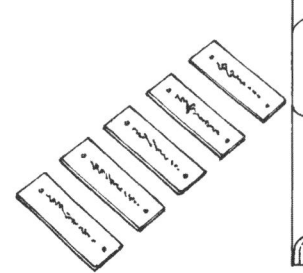

캬아~ 공자님 말씀이 역시 진리야.

간단하고 오묘해.

오늘날에도 논어가 살아 움직이는 것을 느낄 수 있습니다.

문(文)이란 학문을 닦는 것으로,

공자는 고전문헌을 가르치면서 자신의 사상을 피력했습니다.

그야말로 온고이지신의 자세로,

옛것을 새로이!

학문에 대한 열정을 온몸으로 보여 주었지요.

배우니 내가

공자는 끊임없는 지식을 탐구하는 가운데,

깨우쳐서 좋고,

학문의 기쁨과 즐거움을 자연스럽게 맛보았지요.

평생학습과 교육을 역설하는 것이 논어이기에

지식사회에서 논어의 부활은 어쩌면 당연한 일인지도 모릅니다.

배운 다음에는 행(行)을 실천하는 것입니다.

솔선수범이야말로

논어를 움직이는 또 하나의 중심 축입니다.

공자는 말만 앞세우는 교언영색을 멀리했습니다.

첫째도 실천! 둘째도 실천! 언행일치의 삶을 살아라!

'수신제가치국평천하'는 실천하는 삶의 중요성을 강조한 말입니다.

修身齊家治國平天下

『대통령의 리더십』에 관한 책을 발간한 김호진 고려대 명예교수는 이렇게 말합니다.

어떤 조직이든 리더가 어디에 관심을 갖느냐가 중요합니다.

김호진 교수

과거를 중시하면 미래로 나아갈 수 없습니다.

미래로 가려면 과거에 매달려서는 곤란합니다.

왜냐하면 인간은 두 가지를 동시에 집중할 수 없기 때문입니다.

문, 행, 충이 뒷받침 되면 신(信)은 자연스럽게 생겨납니다.

신뢰는 어찌해야 생기나요?

오로지 실천이다.

지속적인 신뢰는 원칙적인 삶 속에서 이루어집니다.

한눈팔지 말고 오직 한 길로!

우리는 농경문화의 유산으로 인해 아직도 연고주의가 강하게 남아 있어서

고향친구 학교후배 군대동기

아는 사람들에게는 지나치게 관대하고, 모르는 사람에 대해서는 지나치게 엄격한 경향이 있습니다.

우리가 남이가?

세계화시대를 살아가기 위해서는 우리끼리만 관대해서는 곤란하지요.

우리나라에 체류하는 외국인의 수가 100만 명을 넘어섰고

동남아 사람들과의 결혼도 늘어나고 있어

다문화가정에 대한 논의는 물론

대책도 서둘러 완비해야 합니다.

친구들이 나랑 잘 안 놀아요.

후우… 어쩌면 좋니.

우리가 힘써 배우고 가르칠 것은 공자 시절이나 지금이나 문·행·충·신의 네 가지로 요약할 수 있습니다.

문·행·충·신은 만고의 진리이니 명심하여라.

3장

삶의 자세
꿈은 높게 시선은 아래로

먼저 실천한 후에 말하라

先行其言 而後從之
선 행 기 언 이 후 종 지

공자의 제자 3,000명 중에서 열 명의 뛰어난 핵심제자들이 있었는데, 이들을 공문십철(孔門十哲)이라고 합니다.

열 명의 제자들은 각자의 뛰어난 전공분야가 있었지요.

이를 공문사과(孔門四科)라 하여 덕행, 언어, 정치, 문학의 네 영역으로 나눕니다.

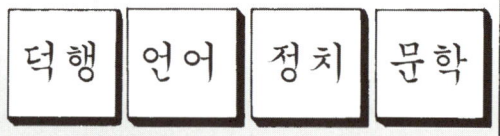

덕행의 분야에서는 안회, 민자건, 염백우, 중궁,

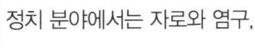

실제로 정치계에 있는 사람들은 원칙주의자인 공자보다는 융통성 있고 재력도 있는 자공과 같은 인물을 선호했다고 합니다.

심지어 정치에 있어서는 자공이 공자보다 낫다는 소문까지 있었다고 합니다.

공자는 선문답 하듯 한마디를 던집니다.

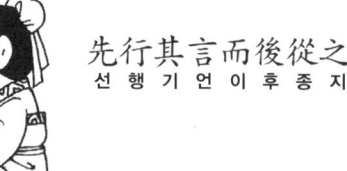

先行其言而後從之
선 행 기 언 이 후 종 지

말에는 진실성이 있어야 하며,

말을 앞세우다 보면 실천이 어려워지지요.

공자는 먼저 실천한 다음에 말하라고 권유함으로써 말과 행동의 우선순위를 분명하게 구분했습니다.

자공은 그의 성격이나 역할을 고려할 때 말을 많이 하는 사람이었는데

말이 많으면 실천력이 떨어질 수밖에 없지요.

지식사회에서 초일류 조직으로 발전하기 위해서는 투명경영, 윤리경영, 정도경영의 중요성을 인식하고 그 길을 가야합니다.

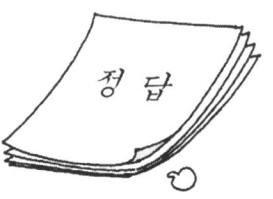

한미 FTA협상을 계기로 협상의 중요성이 높아지고 있고, 직장인들 사이에서도 협상에 관한 공부의 붐이 일고 있습니다.

국내의 비즈니스에서 협상력이 곧 경쟁력이라는 인식이 높아지고 있지만, 국제사회에서의 우리나라 협상력은 개선이 필요하다는 지적이 많습니다.

공무원 출신으로 민간기업의 사장을 맡고 있는 모 인사는 우리 공무원들의 협상능력과 협상시스템에 문제가 많다고 합니다.

협상 장소에서는 공무원이 주도하지만

문제가 생기면 반드시 전문가의 코멘트를 들어서 의견을 제시합니다.

협상 전문가와 이해당사자 그리고 변호사까지 옆방에 대기하고 있다가 사안마다 종합적인 검토를 한 후에 일을 마무리 짓습니다.

반면에 우리나라의 협상팀은 공무원만 참석하는 경우가 대부분이어서

전문가나 이해당사자의 견해를 현장에서 듣기란 어렵다고 합니다.

또 우리나라 사람들은 시시콜콜 따지는 것을 째째하다고 생각해서

대충대충 합의를 하는 성향이 있다 보니,

포용심을 발휘하라

爲政以德
위 정 이 덕

인간을 인간이 아닌 것과 구별하는 특징으로 정치를 예로 듭니다.

인간을 정치적인 동물이라고 부르는 이유이기도 하지요.

정치는 꼭 정치인에만 해당되는 것이 아닙니다.

사람이 모이면

어떤 형태로든 정치적인 행위가 필요합니다.

그래서 기업에서도 사내정치라는 말이 있습니다.

그러나 정치는 역시 대통령과 국회의원을 비롯한 정치인들이 가장 중요한 몫을 차지합니다.

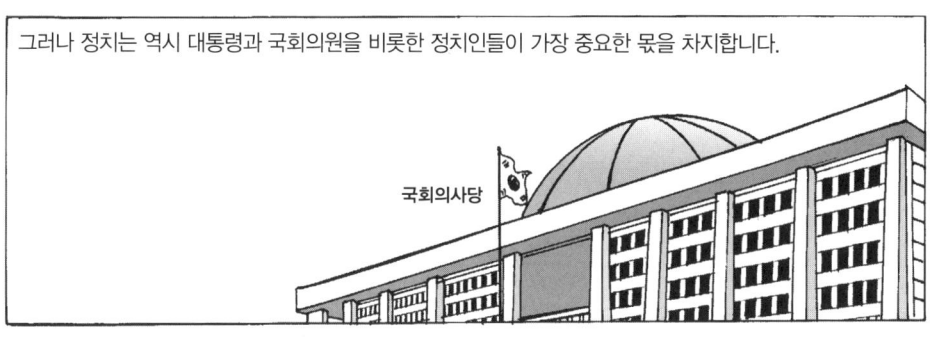

정치란 나라를 다스리는 일입니다.

인간은 사회 속에서 언어와 생각을 서로 교환하고

그래서 정치는 예나 지금이나 중요하며, 공자도 정치에 관심이 많았습니다.

덕은 도덕성, 윤리성, 솔선수범이 뒷받침될 때, 백성들이 스스로 머리를 숙이고 따르게 된다고 설명한 것이지요.

덕이 있어야 백성들의 마음을 얻을 수 있기 때문입니다.

세종대왕은 위정이덕을 몸소 실천한 대표적인 지도자였습니다.

백성을 너무나 사랑한 나머지

우리 글자가 없어 백성들이 서로 마음으로 대화할 수 없음을 안타깝게 여겼습니다.

그래서 집현전을 만들어

젊은 학자들을 발탁해

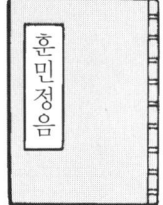

자격루(물시계)

양부일구(해시계)

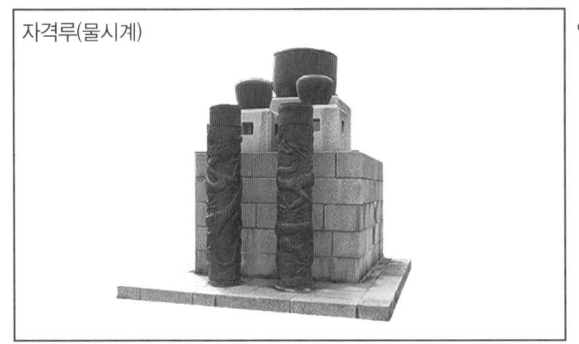

측우기 등

과학기계와 농기구를 발명함으로써

세종 장영실

백성과 농민들의 실생활에 도움을 주고자 했습니다.

정신세계뿐 아니라

백성들 삶의 질을 높이는 과학기술에 관심을 기울인 점이 균형감 있는 덕치주의로 평가되지요.

조선의 온실

겨울에도 채소를 키우는 온실을 만들어 봤네.

세종대왕은 덕망과 함께 국가경영능력을 겸비했기에 우리 역사상 가장 훌륭한 리더로 추앙받고 있지요.

농경사회나

산업사회에서는

덕망 자체만으로도 통치를 하는 데 부족함이 없지만,

정치는 덕으로!

오늘날은 덕망만으로 위정자가 되겠다면 곤란합니다.

그러면 오늘날 덕의 개념은 어떻게 해석되어야 할까요?

덕은 예나 지금이나 마찬가지로 국민을 사랑하고 봉사하는 마음이 기본이 되어야 하고,

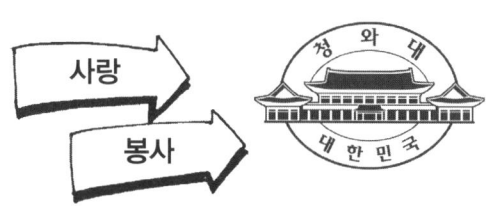

투명성과 윤리성은 필요조건입니다.

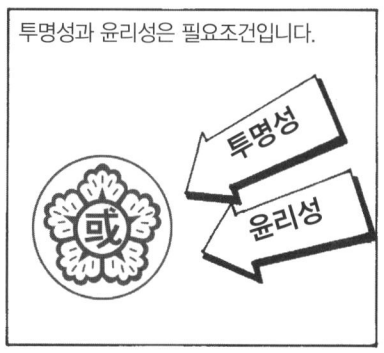

서양의 '노블리스 오블리주'나 동양의 '수신제가치국평천하'는 그대로 연계되며

Noblesse Oblige
修身齊家治國平天下

정치는 군림하는 자리가 아니고

섬기고 봉사하는 '섬김의 리더십'으로 승화되고 있습니다.
저는 섬기는 리더가 되기로 했습니다.

그러나 이것으로도 훌륭한 위정자는 되지 못합니다.
뭐가 더 필요하지?

경영능력이 뒷받침되어야 합니다.
아하! 경영!

지방자치선거에서 도지사, 시장, 군수 등 단체장 선거의 출마자들은
기호 2번 안성실입니다.
자치 단체장 선거 연설

주식회사를 만들어 경영마인드를 행정에 접목하겠다고 열변을 토합니다.
제가 시장이 되면 우리 시를 주식회사처럼 만들 것입니다.

왜 그럴까요? 바로 인재를 평가하는 기준이 달라졌기 때문입니다.

  예측이 무의미해졌기 때문입니다.

대표적인 성공사례로 꼽히는 유화선 전 파주시장은 삼성그룹 비서실과 삼성전자 부장을 거쳐 한국경제신문 이사를 역임한 기업인 출신입니다.

유화선 전 파주시장

파주시는 군사보호시설이 90%가 넘어

투자조건으로는 열악한 조건이었지요.

이런 곳에 누가 투자를 해…?

투자수익 꽝이네!

유시장은 기업유치를 위해

지금부터 기업유치 작전에 들어갑니다.

그게 잘 될까요?

규제를 파격적으로 혁파해 나갔습니다.

행정은 최고의 서비스 사업입니다.

파주시 행정서비스를 국내 최고의 민간기업 수준으로 향상시켜야 합니다.

목표를 정하고 공무원들에게 경영마인드를 요구했습니다.

우리는 파주시 경영인입니다.

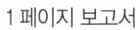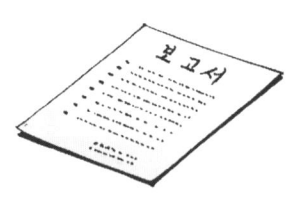

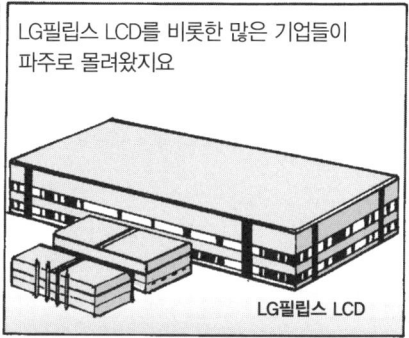

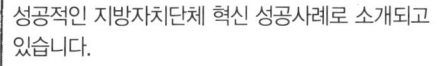
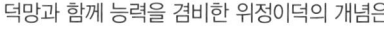

가까운 사람을 잃지 말라

不失其親
불 실 기 친

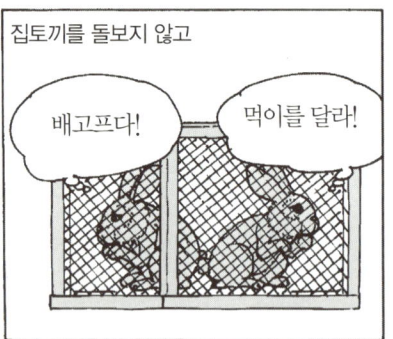

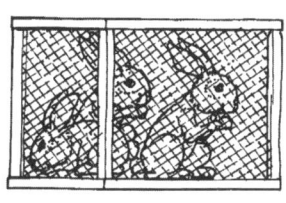

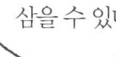

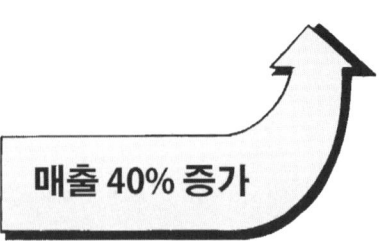

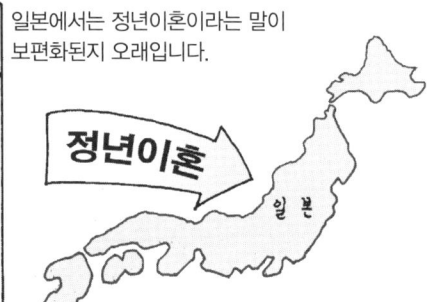

나이 70이 넘어서도 이혼을 신청하는 아내가 있다는 뉴스에 세상의 변화를 실감합니다.

영어에서 현재라는 뜻을 가진 'present'가 왜 선물이라는 의미를 가질까요?

Present

수단방법 가리지 않고 '모로 가도 서울만 가면 된다'는 성장주의 시대는 지나갔습니다.

이제는 수단과

방법이 정당해야 하는

과정중심 시대로 접어든 것입니다.

논어에서는 '가까운 사람을 잃지 말라'고 하면서 이렇게 행하는 사람을 주인으로 삼으라고 덧붙이고 있습니다.

달리 표현하면 가까운 사람을 실망시키면 어떻게 되는가?

이런 경우는 주인을 두고 떠나는 것도 가능하다는 입장입니다.

자신이 속한 조직체를 떠날 것인가 말 것인가의 기준을 제시하고 있는 것이지요.

원칙을 정하고 솔선수범하라

其身正不令而行
기 신 정 불 령 이 행

2008년 베이징 올림픽이 열렸을 때 중국인들은 올림픽을 위해 100년을 기다렸다고 말했습니다.

그만큼 준비에 최선을 다했고

중국 선진화의 계기로 삼겠다는 각오를 여실히 보여주었습니다.

특히 관심을 끄는 대목은 개막식 때 공자의 3,000제자가 등장하여 벌인 논어의 행진이었지요.

개막식 이후 우리 선수들의 선전은 무더위를 씻어 주며 희망의 메시지를 전했는데, 그중에서도

박태환 선수의 400m 수영 금메달 소식은 압권이었습니다.

박태환

박태환 선수는 국민적 영웅으로 떠올랐습니다.

여자친구 있습니까?
좋아하는 음식은?

그를 지도한 노민상 감독의 리더십 또한 관심의 대상이 되었지요.

노민상 감독

금메달을 예상하셨나요?
무슨 꿈 꾸셨나요?

과연 스포츠와 리더십은 어떤 관계가 있을까요?

우선 공자가 리더십의 기본에 대해 강조한 내용부터 살펴보겠습니다.

리더십에 대해 한 말씀 해 주시지요.

其身正不令而行
기 신 정 불 령 이 행

지도자가 올바르면 명령하지 않아도 백성들이 자발적으로 지도자의 뜻에 따라 행동하게 되느니라.

대통령을 비롯한 정치인들에게 공자의 말은 더없이 소중합니다.

지도자가 올바르면 백성은 리더의 뜻을 기꺼이 따릅니다.

IMF위기 때 국민들이 '금모으기 운동'을 누가 시키지 않아도 참여했던 것이 좋은 사례입니다.

나라를 살리자

하지만 지도자가 올바르지 않으면 명령을 한다고 해도 따르지 않는 경우를 역사를 통해 수도 없이 경험해 왔습니다.

其身不正雖令不從
기 신 부 정 수 령 부 종

우리나라 민주화과정에서 독재정권이 내린 부당한 명령은

학생과 양심세력의 끊임없는 저항에 밀려 국민 앞에 무릎을 꿇었지요.

스포츠 선수들의 경우, 감독이나 코치의 영향력은 절대적입니다.

어떤 리더를 만나느냐에 따라 선수의 운명이 달라지기 때문이지요.

박태환 선수가 수영 자유형에서 금메달을 획득한 것은

동양 남성으로서 72년 만의 일이라고 합니다.

노민상 감독은 고등학교 중퇴 학력으로, 선수시절 메달은커녕

KI신서 4831
만화로 읽는 하룻밤 논어 1

1판 1쇄 인쇄 2013년 3월 4일
1판 3쇄 발행 2018년 6월 5일

원작 양병무 **글** 최금락 **그림** 최신오
펴낸이 김영곤 **펴낸곳** (주)북이십일 21세기북스
출판영업팀 최상호 한충희
출판마케팅팀 김홍선 최성환 배상현 이정인 신혜진 김선영 나은경
홍보기획팀 이혜연 최수아 김미임 박혜림 문소라 전효은 염진아 김선아
제휴팀 류승은
제작팀 이영민

출판등록 2000년 5월 6일 제406-2003-061호
주소 (우 10881) 경기도 파주시 회동길 201(문발동)
대표전화 031-955-2100 **팩스** 031-955-2151 **이메일** book21@book21.co.kr

(주)북이십일 경계를 허무는 콘텐츠 리더

21세기북스 채널에서 도서 정보와 다양한 영상자료, 이벤트를 만나세요!
페이스북 facebook.com/jiinpill21   포스트 post.naver.com/21c_editors
인스타그램 instagram.com/jiinpill21   홈페이지 www.book21.com
서울대 가지 않아도 들을 수 있는 명강의! 〈서가명강〉
네이버 오디오클립, 팟빵, 팟캐스트에서 '서가명강'을 검색해보세요!

ISBN 978-89-509-4772-9 03320
ISBN 978-89-509-4774-3 (세트)

책값은 뒤표지에 있습니다.

이 책 내용의 일부 또는 전부를 재사용하려면 반드시 (주)북이십일의 동의를 얻어야 합니다.
잘못 만들어진 책은 구입하신 서점에서 교환해 드립니다.